# MEDITACIÓN

Guía impresionante para principiantes por gabriyell buechner

(Técnicas de meditación para una vida libre de estrés)

**Lion Baez**

Publicado Por Daniel Heath

© **Lion Baez**

**Todos los derechos reservados**

*Meditación: Guía impresionante para principiantes por gabriyell buechner (Técnicas de meditación para una vida libre de estrés)*

ISBN 978-1-989853-71-9

Este documento está orientado a proporcionar información exacta y confiable con respecto al tema y asunto que trata. La publicación se vende con la idea de que el editor no esté obligado a prestar contabilidad, permitida oficialmente, u otros servicios cualificados. Si se necesita asesoramiento, legal o profesional, debería solicitar a una persona con experiencia en la profesión.

Desde una Declaración de Principios aceptada y aprobada tanto por un comité de la American Bar Association (el Colegio de Abogados de Estados Unidos) como por un comité de editores y asociaciones.

No se permite la reproducción, duplicado o transmisión de cualquier parte de este documento en cualquier medio electrónico o formato impreso. Se prohíbe de forma estricta la grabación de esta publicación así como tampoco se permite cualquier almacenamiento de este documento sin permiso escrito del editor. Todos los derechos reservados.

Se establece que la información que contiene este documento es veraz y coherente, ya que cualquier responsabilidad, en términos de falta de atención o de otro tipo, por el uso o abuso de cualquier política, proceso o dirección contenida en este documento será responsabilidad exclusiva y absoluta del lector receptor. Bajo ninguna circunstancia se hará responsable o culpable de forma legal al editor por cualquier reparación, daños o pérdida monetaria debido a la información aquí contenida, ya sea de forma directa o indirectamente.

Los respectivos autores son propietarios de todos los derechos de autor que no están en posesión del editor.

La información aquí contenida se ofrece únicamente con fines informativos y, como tal, es universal. La presentación de la información se realiza sin contrato ni ningún tipo de garantía.

Las marcas registradas utilizadas son sin ningún tipo de consentimiento y la publicación de la marca registrada es sin el permiso o respaldo del propietario de esta. Todas las marcas registradas y demás marcas incluidas en este libro son solo para fines de aclaración y son propiedad de los mismos propietarios, no están afiliadas a este documento.

## TABLA DE CONTENIDO

Parte 1 .................................................................................. 1

Introducción ........................................................................ 2

Capítulo Uno: La Meditación Y Sus Beneficios ................... 3

CONTROL DEL ESTRÉS ................................................................ 4
CONTROL DE LAS EMOCIONES ..................................................... 5
INCREMENTO DE SEROTONINA ..................................................... 5

Capítulo Dos: Meditación Para El Control De La Ira ............ 7

MEDITACIÓN RESPIRATORIA ........................................................ 7
*Anulomvilompranayama* ........................................................ 8
*Bhrastrikapranayama* ............................................................ 9
*Kapalbhati* ............................................................................ 9
*Pranayama Contando* .......................................................... 10
MEDITACIÓN BASADA EN EL MOVIMIENTO ................................. 10
*Meditación Al Caminar* ....................................................... 11
*Meditación Zazen* ............................................................... 12

Capítulo Tres: Meditación Para Combatir El Estrés Y La Ansiedad .............................................................................. 15

MEDITACIÓN CONTEMPLATIVA .................................................. 18
VISUALIZACIÓN GUIADA ........................................................... 18
HIPNOSIS .................................................................................. 19

Capítulo Cuatro: Meditación Para Incrementar La Felicidad 20

CONTEO CONSCIENTE ............................................................... 23
RESPIRACIÓN CONSCIENTE ....................................................... 24
EJERCICIO CONSCIENTE ............................................................ 25
MÚSICA CONSCIENTE ............................................................... 25
DUCHA CONSCIENTE ................................................................ 26
COCINA/QUEHACERES CONSCIENTES ....................................... 26
SUEÑO CONSCIENTE ................................................................ 27

Capitulo Cinco: Herramientas Necesarias Para Empezar .... 28

RINCÓN SILENCIOSO ................................................................ 28

| | |
|---|---|
| Aire | 28 |
| Cuentas | 29 |
| Estera Y Almohadas | 29 |
| Iluminación | 30 |
| Plantas | 30 |
| Tazón Cantador | 30 |
| Olores | 31 |
| Ídolos | 32 |

| | |
|---|---|
| Capítulo Seis: Cantos Para La Meditación | 33 |
| Om | 33 |
| Aim | 34 |
| Hrim | 34 |
| Krim | 34 |
| Shrim | 34 |
| Klim | 35 |
| Lam | 35 |
| Vam | 35 |
| Ram | 36 |
| Yam | 36 |
| Ham | 36 |
| Om | 36 |

| | |
|---|---|
| Conclusión | 38 |
| Parte 2 | 39 |
| Capítulo 1 | 40 |
| Percibiendo La Meditación | 40 |
| Entendiendo La Meditación | 40 |
| Cómo Funciona La Meditación | 41 |
| Capítulo 2 | 44 |
| Por Qué Deberías Considerar La Meditación | 44 |
| Capítulo 3 | 50 |
| Diferentes Tipos De Meditación | 50 |

Meditación Trascendental .................................................. 50
Meditación Zen (Zazen) ...................................................... 51
Meditación Del Amor Universal .......................................... 54
Meditación De Mantra ....................................................... 55
Meditación De Concentración Plena ................................. 57
Meditación Vipassana ........................................................ 58
Meditación Tipo Yoga ........................................................ 63
Meditación Del Sonido (Yoga Nada) .................................. 66

Capítulo 4 ........................................................................... 69

Sentando Las Bases: Una Selección De Técnicas Y Empezando ......................................................................... 69

Elige Un Buen Lugar ........................................................... 69
Escoge El Momento Correcto ............................................ 69
Calentamiento ................................................................... 70
Asegúrate De Que Mantienes La Pose Correcta ................ 70
Siéntate Solo Por Dos Minutos .......................................... 71
Practicando Respiración Profunda .................................... 71

Capítulo 5 ........................................................................... 73

Cómo Hacer De La Meditación Un Hábito Diario ............... 73

Profesor Y Rendir Cuentas ................................................. 76

Conclusión .......................................................................... 79

**Parte 1**

## Introducción

En esta nueva era, en la que la vida se ha vuelto extremadamente frenética, todos necesitamosuna salida que nos ayude a evitar las dolencias de la naturaleza que no solamente son físicas sinotambién, mentales.

A diferencia de las dolencias físicas, las mentales son difíciles de curar puesto que varían bastamente de persona a persona y no requieren un solo tipo de tratamiento.

Algunas de estas incluyen al estrés, la ansiedad y la ira extrema.

Si has sufrido alguna de estas y quieres encontrar una solución,¡has llegado al lugar indicado! Este libro actuará como tu guía hacia la meditación y encaminará tu vida en la dirección correcta.

Aprenderás cómo la meditación puede ayudarte a combatir el estrés, la ansiedad y la irapara conducirte a una vida feliz.

¡Espero que pases un buen rato leyendo este libro!

## Capítulo Uno: La meditación y sus beneficios

En este primer capítulo, explicaremos el significado de la meditación y examinaremos sus beneficios.

La meditación puede verse como un ejercicio mental que uno desempeña para controlar pensamientos y regular las acciones. Esta se trata de enfocarse en un único elemento que puede ser tanto de naturaleza interna como externa. La meditación es predominantemente practicada para conseguir paz interior y combatir pensamientos negativos.

Meditación viene de la palabra *meditate* que significa pensamiento profundo. Encuentra sus raíces en la India antigua en donde los yogis se entregaban a sesiones de pensamientos profundos para controlar sus ideas y acciones. Una vez que los occidentales empezaron a adoptar esta práctica, comenzaron a tratarla como un medio para optimizar la concentración. Es considerada como una herramienta para alcanzar la claridad mental y aumentar la productividad.

A continuación, veremos algunos de los beneficios de emprender la meditación.

### *Control del estrés*

El estrés es una de las afecciones mentales más comunes en el mundo. Estilos de vida frenéticos llevan a la aparición del estrés, que, con el tiempo, conduce a la ansiedad. Cuando una persona se estresa, muchas reacciones físicas negativas comienzan a ocurrir, como lo son el ritmo cardiaco acelerado, presión alta, subidones de adrenalina, etc. Todas estas son compensadas con un químico conocido como Cortisol, el cual es producido por el cerebro para controlar el estrés. Cuando alguien sufre de secreción excesiva de cortisol, puede desencadenar pánico mental y caos. Puede llevar también a un desequilibrio emocional e ira extrema. Es mejor, por consiguiente, controlar la liberación de cortisol mediante la práctica de la meditación.

## *Control de las emociones*

Tanto el estrés como la ansiedad pueden llevar a problemas de ira. La mayoría de las personas tratan a la ira como una forma de liberación para deshacerse de su estrés. Esto frecuentemente puede resultar en peligrosas consecuencias. Es por tanto aconsejable abordar la situación lo más rápido posible para lograr una vida calmada y serena. Aparte de controlar tus emociones, la meditación es también útil para incrementar el nivel en que pierdes los estribos. En algunos casos, erradica incluso la necesidad de estar enojado en una situación dejándote, de este modo, calmado y apacible.

## *Incremento de serotonina*

La mente usa varios químicos para controlar cómo una persona siente. Estos son conocidos como neurotransmisores y pueden hacer que una persona se sienta feliz o triste. Uno de los neurotransmisores que promueven la felicidad es distinguido como serotonina. La serotonina ha sido reconocida por tener un efecto positivo sobre la mente y el cuerpo. Si tu cerebro produce la serotonina suficiente, puede mantener la depresión alejada. De hecho, no se necesitaría el uso de los antidepresivos ya que la serotonina actúa como un antidepresivo natural. Tu mente estará en un nivel de consciencia superior y prevendrá que tomes reacciones impulsivas ante las situaciones.

La meditación puede ser practicada individualmente o en grupos. Es ideal practicarla al menos dos veces al día para poder obtener al máximo sus beneficios.

## Capítulo Dos: Meditación para el control de la ira

La ira es una respuesta natural y humana ante ciertas situaciones adversas. Es normal que alguien se sienta molesto si algo no funciona como él o ella quiere. Sin embargo, si la ira comienza a volverse un problema, entonces surgirá la necesidad de medidas para controlar la ira y lograr combatirla.

La ira extrema puede dañar potencialmente el estado mental de una persona como también desencadenar violencia física. En tal caso, es mejor realizar prácticas meditativas para controlar e idealmente acabar con los problemas de ira.

He aquí una mirada a algunas técnicas de meditación básicas que pueden ayudarte a controlar la ira.

### *Meditación respiratoria*

El respirar es un proceso natural. Cuando una persona respira, el cuerpo entero se beneficia de una manera u otra. El aire fresco ayuda a suplir de oxígeno varias partes del cuerpo reduciendo el impacto del estrés en diferentes órganos. La meditación hace mucho énfasis en respirar y considera que es una parte importante en el manejo de la ira.

Acá hay algunas prácticas meditativas basadas en la respiración.

## *Anulomvilompranayama*

Anulomvilom es una de las técnicas de respiración más conocidas en el mundo. Es una práctica meditativa pensada para aliviar el estrés y la ansiedad. Para empezar con la práctica, comienza por ponerte en la posición del loto. La posición del loto se forma cuando te sientas con tus piernas dobladas y la espalda erguida. Coloca tus palmas en las rodillas. Cierra los ojos y pon tu pulgar derecho sobre tu fosa nasal derecha. Inhala por tu fosa izquierda y sostén la respiración. Libera tu pulgar de tu fosa nasal derecha y cubre la izquierda. Exhala a través de la fosa nasal derecha antes de inhalar. Cierra tu fosa nasal derecha y sostén la respiración antes de liberarla por la izquierda. Ahora exhala e inhala a través de tu fosa izquierda y así sucesivamente. Continúa haciéndolo por cinco o siete minutos.

## *Bhrastrikapranayama*

Bhrastrikapranayama es otro tipo de meditación respiratoria que puede ayudarte a alejar los pensamientos y sentimientos negativos. Para realizar este ejercicio, asume la posición del loto y cierra los ojos. Baja la cabeza suavemente para tomar una profunda bocanada de aire. Gentilmente eleva la cabeza para exhalar. Continúa por dos minutos. Este es un ejercicio intensivo y puede dejarte con un ligero aturdimiento. Para si te sientes mareado.

## *Kapalbhati*

Kapalbhati es un ejercicio que es muy efectivoen enfocar tu mente y calmándote. Para ejecutarlo, ponte en la posición del loto y cierra tus ojos. Exhala rápidamente con tu respiración saliendo directamente de tu estómago y asegúrate de que tu respiración completa se expulse de una exhalación. Continúa por cinco minutos.

*Pranayama contando*

Este pranayama es cuando usas los números para dirigir tu mente hacia tu respiración. Este tipo de pranayama te compele a usar un patrón particular para contar tu respiración. Para empezar, Inhala profundamente y cuenta hasta dos. Luego, sostén la respiración hasta contar ocho. Una vez hecho esto, suelta tu respiración con la cuenta de cuatro. Debes reducir gradualmente el tiempo que te toma inhalar y exhalar. Continúa por cinco u ocho minutos.

Estos son distintos ejercicios de respiración que puedes usar para calmarte. Entre más frecuentemente los hagas, mejores resultados obtendrás.

Recuerda no sobrepasarte con estos ejercicios ya que puede llevar a estrés. Limita los ejercicios de respiración a no más de diez minutos al día. Es mejor realizarlos apenas te levantes en la mañana.

### Meditación basada en el movimiento

Un punto clave es que la meditación no se

trata siempre de sentarse calmadamente en un mismo sitio y practicar ejercicios de respiración. Hay algunos tipos que permiten incorporar movimiento físico. Aquí hay un par de métodos basados en el movimiento explicados a detalle.

*Meditación al caminar*

Como lo sugiere el nombre, la meditación al caminar se refiera a realizar una meditación en el transcurso de una caminata. Para poder iniciar con esta meditación, comienza con encontrar una acera o carretera larga que carezca de obstáculos. Un parque funcionaría perfectamente. Encuentra un rincón silencioso y párate erguido con tus manos a los costados. Aprieta tu puño y toma una profunda respiración. Suelta la respiración y coloca tu pie derecho adelante. Inhala y sitúa tu pie izquierdo más adelante. Exhala y coloca tu pie derecho adelante y así sucesivamente. Repite este patrón de 10 a 15 minutos. Considera utilizar un cronómetro para calcular tu próximo paso.

*Meditación Zazen*

Zazen es un tipo de meditación basada en el movimiento que te hace mover el cuerpo hacia adelante y hacia atrás. Para realizarla, empieza por sentarte con tu cuerpo descansando en tus piernas dobladas. Asegúrate de estar cómodo y de no tener espasmos o calambres en las piernas. Coloca un objeto relevante en frente tuyo, como una estatua de Buda o una planta. Fija tu mirada sobre el objeto y comienza a mecer tu cuerpo hacia adelante y hacia atrás. Asegúrate de mantener un movimiento constante para que tu cuerpo absorba cada movimiento dejándote con un hormigueo. Haz esto de 15 a 20 minutos cada día para obtener máximos beneficios.

Estas son dos de las prácticas meditativas basadas en el movimiento que puedes realizar para calmarte tú mismo.

- Encuentra un sitio tranquilo y cierra los ojos. Cuenta hasta 10. Considera contar en reversa para que tu mente hasta el doble de esfuerzo y te distraiga.
- Siéntate en un lugar tranquilo y cierra

los ojos, Toma de 10 a 15 inhalaciones profundas y concéntrate en que el aire entre y abandone tu cuerpo.
- Si estás en un entorno natural acércate a un elemento de la naturaleza como lo es un árbol, el mar o el pasto. Párate cerca y toma profundas inspiraciones.
- Si una persona en particular te está ocasionando ira, entonces inmediatamente ve a un lugar callado y cierra los ojos. Céntrate en las cualidades positivas y combate los sentimientos negativos. Esto aplica a situaciones de la vida también. Asegúrate de concentrarte en los aspectos positivos de la situación que te indispone.
- Tómate un tiempo de tu ocupado horario de trabajo para hacer una lista de las cosas que te están molestando. Asume la posición del loto y haz los ejercicios de respiración. Trae cada problema hacia tu conciencia y exhálalo fuera de tu sistema.
- Asegúrate de mantener un diario para escribir acerca de tus episodios de ira.

Sabiendo qué los ocasiona, puedes ayudar a que seas más proactivo y asumir rápidamente una posición meditativa para combatirlo.

## Capítulo tres: Meditación para combatir el estrés y la ansiedad.

El estrés, hoy en día, es un estado mental inevitable ya que todo el mundo es forzado a vivir vidas frenéticas.

La Ansiedad esuna condición en la cual la persona se preocupa anticipadamente por una situación futura. La mayoría de estas anticipaciones serán sin fundamento y resultado directo de estrés excesivo.

Ambos problemas, la ansiedad y el estrés, pueden ser efectivamente reducidos con meditación. Aquí hay una breve mirada en cómo la meditación puede ayudar a reducir la ansiedad.

- El primer paso del proceso es encontrar la raíz del problema que causa ansiedad o estrés. Sin conocer qué te está causando estrés, no podrás combatirlo efectivamente. Cuando conozcas la naturaleza de tu estrés, podrás escoger el tipo correcto de práctica meditativa para poder combatirlo.
- Recuerda que la meditación ayuda a combatir la ira y no elimina la causa raíz.

- Una vez que hayas anotado las causas, trata de resolverlas para que sea más fácil canalizar una paz interna a través de la meditación.
- La ansiedad por lo general se pone en marcha cuando estás rodeado de caos. El Caos puede ser de naturaleza interna o externa. Algunas formas de caos interno incluyen a los celos, inseguridades y falta de confianza en sí mismo. El caos externo incluye distracciones, odio, etc. Con la ayuda de la meditación, puedes combatir todos estos y acabar con los pensamientos y emociones negativas.
- El caos externo puede generalmente llevar al estrés físico y a la ansiedad. La meditación te ayuda a abrir tu cuerpo y mente. Te deja con un sentimiento de calma.
- La meditación tiene la cualidad de atenuar toda negatividad y de promover positividad. Crea un canal para eliminar lo negativo.
- La meditación es una herramienta poderosa que puede ser usada para

soltar tensión y estrés. Es considerada una herramienta que se usa para cambiar la actitud propia y aceptar la vida como se desarrolle.

- La ansiedad a menudo lleva a la aparición de la ira. Como leímos en el capítulo anterior, no controlar la ira puede llevar a consecuencias devastadores. Controlando la ansiedad a través de la meditación puedes efectivamente controlar la ira y prevenir sus repercusiones.
- A través de la meditación te darás cuenta de apoco de que tu estado mental y el control sobre tu propia mente es más poderoso que la ira.
- Desarrolla el hábito de dejar ir las cosas que no requieren mucha atención o énfasis. La meditación puede ayudarte con este respecto disminuyendo la negatividad y previniéndote de llegar a un estado de ansiedad.
- Según estudios, la ansiedad a veces cambia la propia manera en que una persona piensa. Si has llegado a este estado, entonces podrás tener que

inmiscuirte en una meditación intensa para para resolver esta situación y arrancarla de raíz.

Acá hay algunas de las tácticas meditativas que puedes adoptar para vencer al estrés y la ansiedad.

### *Meditación contemplativa*

La meditación contemplativa se trata de concentrarte completamente en la situación actual sin prestar atención a las distracciones que te rodean. Esta técnica funciona mejor en la oficina, cuando querrías evadir distracciones y mantenerte concentrado en tu trabajo. Repasaremos este tipo de meditación en detalle el capítulo siguiente.

### *Visualización guiada.*

Esta se refiere a usar la energía de tu mente para cambiar la situación actual. Según este método, se requiere que te sientes en un rincón silencioso y visualices un futuro en donde todos tus problemas se han desvanecido y estás llevando una vida carente de estrés. Te encuentras en un ambiente natural, como flotando en un río o corriendo por un campo y estás únicamente rodeado de felicidad.

## *Hipnosis*

La hipnosis es un tipo de práctica meditativa que generalmente se toma como un último recurso para aliviar el estrés y la ansiedad.A diferencia de la hipnoterapia profesional, la hipnosis es ponerte a ti mismo en un estado de subconsciencia, donde puedes ver las cosas con claridad. Para lograr esta terapia, empieza encontrando un rincón callado y asume una posición reclinada. Ahora céntrate en tu mente subconsciente e intenta valorar lo que se encuentra allí. Si encuentras un pensamiento desagradable, piensa en cómo puedes llevar ese pensamiento al frente y eliminarlo o lidiar con él Puedes hacer esto una vez por semana para eliminar cualquier negatividad.

## Capítulo Cuatro: Meditación para incrementar la felicidad

La meditación y la atención plena van de la mano. La atención plena o *mindfulness* en inglés, se refiere a estar presente en el momento y asegurarte de que tu mente está completamente concentrada en una sola cosa.

Aquí hay una mirada a la conexión entre ambas en detalle.

Se cree que practicar el *mindfulness* es una poderosa forma de combatir el sufrimiento y elevar la confianza y la sabiduría. No solamente ayuda a aumentar tu propia sabiduría, sino que también influencia a las personas que te rodean.

El *mindfulness* es frecuentemente instruido junto con la meditación en la mayoría de las escuelasBudistas. Ayuda a los monjes a llegar a un nivel superior de consciencia interna.

El *mindfulness* puede ser también usado con el objetivo de transportar nuestras mentes a un lugar de calma. Es empleado para mantener a raya las distracciones e incrementar la concentración en la situación presente. La mente humana es propensa a las distracciones y no puede concentrarse en más de una cosa a la vez. Para resolver esto, pueden ser empleadas las herramientas y técnicas del *mindfulness*.

Puede decirse que el *mindfulness* no nos conduce en la dirección contraria; en vez de esto, nos ayuda a entrar en un rol natural. Nos enseña a estar presentes en el momento actual y absorber la atmósfera que nos rodea. Esto ayuda a reducir el estrés y controla la ansiedad en gran medida.

El *mindfulness* ayuda a un individuo a introducirse profundamente en su propia consciencia, mejorando así el autocontrol. La mente no comienza a deambular y por tanto sufre menos. Un estado de despertar ayuda a entender mejor tu entorno y frena las reacciones como la ira, el odio, los celos y el estrés.

Estando más presente en tu propio ser, tienes la oportunidad de profundizar en tus pensamientos y extraer una sabiduría autoconstruida que vive en tu interior. Tiene el potencial de impedir que te hundas en la negatividad y de prevenir el despertar del estrés y la ansiedad.

Te sentirás más vivo y más centrado en el presente. Tu mente no se distraerá fácilmente y se mantendrá en un solo lugar, el lugar donde tú quieras que tu mente se mantenga. Se cree que la mayoría de las personas tienden a huir de los escenarios actuales con la esperanza de llegar a un lugar mejor, pero hacer esto solo empeorará la circunstancia y les hará difícil el aceptar las cosas. Es entonces mejor dejarse caer en el *mindfulness* para lidiar con la situación y que no lleve al sufrimiento.

El *mindfulness* es prestar profunda atención al momento presente. Enfocarte en detalles hace más fácil para una persona sortear las cosas y estar más presente en la situación actual. Es importante mantenerse feliz y en el momento.

Cuando logramos estar plenamente enfocados, tendemos a no enojarnos por nimiedades. Nuestra concentración está completamente volcada a la situación actual y a lo que estamos haciendo. Incluso si alguien trata con todo su esfuerzo enojarnos, aunasí no te distraerás y continuarás con tu trabajo. Si piensas que necesitas un cambio en el ambiente, entonces automáticamente se te ocurrirá la solución sin tener que pensar mucho en ello.

Entonces, ¿cómo empiezo a practicar el *mindfulness?* Bueno, ¡descubrámoslo!

Como fue mencionado con anterioridad, el *mindfulness* es estar presente en el momento actual. Debes reunir tus pensamientos y canalizar tu energía positiva.

Para ayudarte a empezar, acá hay unos ejercicios de *mindfulness* que puedes hacer diariamente.

### *Conteo consciente*

Uno de los mejores y más sencillos ejercicios del *mindfulness* es el conteo consciente. Se refiere a contar hacia arriba o hacia abajo dependiendo en qué tan consciente quieres volverte. Empieza de cero y cuenta hasta 60. Una vez hecho esto, ve hacia atrás desde 60 hasta 0. Continúa esto hasta que tu mente esté completamente en el momento. Esta técnica puede ayudarte combatir el estrés y asegurar que puedes analizar la situación antes de tomar acción.

## *Respiración consciente*

La respiración consciente se refiere a concentrarte en tu respiración. Es similar al AnulomVilom con excepción de que te concentras en tu respiración normal. Cierra tus ojos y visualiza tu respiración entrando por tus fosas nasales y saliendo de ellas. Asegúrate de que tomas una profunda bocanada de aire que se origina desde tu estómago. Puedes contar hasta cinco mientras de concentras en tu respiración. Si haces esto de cinco a diez minutos al día, entonces te sentirás completamente fresco y tu mente se sentirá energizada. Puede también ayudar a reducir las distracciones y a enfocarte en la tarea que necesitas.

### *Ejercicio consciente*

El ejercicio es una parte vital de la vida. Si no te ejercitas entonces tu cuerpo empieza a secretar más cortisol como una respuesta hacia el estrés. Sin embargo, mediante el ejercicio, es posible incrementar la cantidad de serotonina en tu cuerpo. Es preferible introducirse en un ejercicio consciente. Empieza levantándote temprano y estirando tu cuerpo entero. Ve a caminar o a correr. Mantén el foco en la actividad y en tu entorno. Si tienes una mascota entonces camina con ella. No te apures en el proceso y disfruta cada aspecto de ello.

### *Música consciente*

La música es uno de los expulsores de estrés más naturales en el mundo. En escuchando conscientemente música, puedes alejar el estrés y la ansiedad. Escucha música consciente y enfócate en los variados ritmos. Si no tienes el tiempo de sentarte a escuchar música, entonces ponte tus audífonos mientras haces quehaceres y escucha en paz.

### *Ducha consciente*

La gente ha olvidado cómo apreciar las pequeñas cosas de la vida y están siempre con prisa de completar una tarea u otra. Un gran combatiente del estrés es tomar un baño consciente. Una ducha no solo ayuda a limpiar tu cuerpo, sino que también calma tu mente. Pasa al menos 30 minutos en la ducha consintiéndote y mantente completamente concentrado en la actividad. Empieza abriendo la ducha y visualízate a ti mismo bajo una cascada. Recoge la barra de jabón y olfatéala para despertar tus sentidos. Rueda la barra sobre tu cuerpo y enfócate en el rastro que deja. Enjabónate y tómate el tiempo en lavarlo. Esta experiencia puede ayudarte a sobrepasar un día de estrés.

### *Cocina/quehaceres conscientes*

Es importante ser consciente mientras cocinas o haces los quehaceres diarios. No consientas en ver televisión o tener alguna otra distracción, debes estar completamente enfocado en la tarea que haces.

## *Sueño consciente*

Tus sueños pueden decirte mucho acerca de tu mente subconsciente. De hecho, contienenel secreto de por qué puedes estar pasando por estrés y ansiedad. Para entenderlos mejor, es mejor internarse en un sueño consciente. Repite la frase "recordaré mi sueño" de diez a 12 veces antes de meterte en la cama. Te ayudará a recordar mejor tu seño en la mañana.Mantén un diario y bolígrafo cerca para poder anotarlos apenas te despiertes. Trata de encontrar un patrón en tus sueños para tener una idea más completa de qué es lo que realmente te está molestando. Cuando encuentres qué es eso que te perturba, puedes trabajar en resolver el problema por medio de la meditación.

## Capitulo cinco: Herramientas necesarias para empezar

Hasta ahora, estoy seguro de que has comprendido la importancia de la meditación y cómo puede ayudar a canalizar tu calma interior.

En este capítulo, miraremos algunas de las cosas que necesitas para comenzar a meditar.

### *Rincón silencioso*

Uno de los aspectos más importantes de la meditación es tener una atmósfera calmada. Debes encontrar un rincón silencioso para asegurar que no hayan perturbaciones alrededor. Una buena idea es dedicar una habitación a este respecto para que puedas meditar en paz. Debes informar a tus miembros familiares de no interrumpir cuando entres a esta habitación. Si quieres algo más abierto, considera entonces ocupar el balcón o el porche delantero.

### *Aire*

La habitación debe ser aireada. Asegúrate

de que hayan ventiladores. Siéntate debajo de uno para mantener el aire en circulación. Considera sentarte en el jardín o en un espacio abierto para respirar aire fresco. El oxígeno fresco es lo suficientemente poderoso para calmar tu mente y avivar tu cuerpo.

## *Cuentas*

Es aconsejable usar una cadena de cuentas para llevar un registro de tus cantos. Podrías olvidar el número de cantos y tener que empezar de nuevo. Una cadena de cuentas te puede ayudar a contar el número de cantos, y también sirve para enfocarte en un objeto en particular.

## *Estera y almohadas*

La idea detrás de la meditación es hacerlo tan cómodo para ti mismo como sea posible, para que sea más fácil para tu mente enfocarse en la práctica. Invierte en una estera cómoda y almohadas que te dispongan instantáneamente en una actitud adecuada y aseguren que estás feliz cuando empieces la práctica.

### *Iluminación*

Asegúrate de que haya abundante luz en la habitación o de otra forma, terminarás durmiéndote. Es importante que se filtre suficiente luz y que no esté muy oscuro. Considera usar iluminación ambiental para conseguir el tono preciso. Prueba luces de colores como azul o verde. El rosa puede calmarte instantáneamente y ponerte en la actitud apropiada para empezar con la meditación. Si planeas sentarte en un ambiente natural, entonces considera sentarte debajo del sol directo ya que también puede favorecer tu aura.

### *Plantas*

Es mejor estar tan cerca de la naturaleza como sea posible mientras meditas. Si estás al aire libre, elige entonces sentarte cerca de una planta aromática como rosas o jazmines. Estima colocar una maceta en tu habitación y concentrarte en ella cada vez que te sientes a meditar.

### *Tazón cantador*

Los tazones cantadores, bol cantadores o

cuencos tibetanos son herramientas tradicionales budistas usadas para generar sonidos de ambiente en la habitación. Es importante seleccionar un área que sea callada para no tener distracciones. Coloca el tazón cantador en frente tuyo y utiliza el mazo para golpearlo. Esto generará un sonido vibrante que instantáneamente te calmará. Comienza a tararear con el tono del bol y canalizar tu calma interior.

*Olores*

Cuando se trata de meditación, es mejor tener una experiencia sensorial plena. Eso quiere decir que te concentras en la luz, el aire y también el olor de la habitación. Si tu habitación está llena de cosas o hay algún olor, entonces puede que no puedas centrarte en la meditación. Es entonces mejor usar barras de incienso para neutralizar los olores. Algunas esencias como la lavanda, la rosa y el sándalo calman inmediatamente la mente y promueven la positividad. Las velas de aroma pueden ser una elección alternativa. Enciende algunas en frente tuyo y céntrate en la luz para realzar tu experiencia.

## *Ídolos*

Aunque la meditación no se ajuste a ninguna religión en particular, es comúnmente asociada con el budismo. Puedes colocar a un Buda en la habitación o incluso a Ganesha. Asegúrate de que sean visibles para ti cuando te sientes a meditar.

## Capítulo seis: cantos para la meditación

Un aspecto clave de la meditación son los cantos o mantras. Los mantras no son más que simples palabras que pueden impactar profundamente tu estado mental. Aunque sean solo palabras, son extremadamente poderosas y pueden devolver una mente distraída al enfoque de nuevo.

Hay unos cuantos mantras que puedes recitar para canalizar paz interna y son los siguientes.

### *Om*

Uno de los cantos más ampliamente usados en el mundo de la meditación es "Om". Se dice que es la palabra más poderosa en el mundo ya que manda vibraciones hacia arriba y abajo en tu cuerpo cuando lo recitas. Puesto que es una simple palabra puedes cantarla tanto como quieras. Pero asegúrate de sentir las vibraciones moviéndose por tu cuerpo mientras la recitas.

### *Aim*

Aim es la contraparte femenina de Om y es usada para canalizar energía femenina. Al cantar "om" y "aim", crearás un balance entre los aspectos masculinos y femeninos para llevar una vida armoniosa.

### *Hrim*

Hrim es un poderoso canto asociado con la creación y la preservación. Se puede usar este canto para estimular la confianza en sí mismo. Es generalmente recitado después de "aim".

### *Krim*

Krim es una palabra usada para controlar los niveles de cortisol y dejar tu mente con un impulso positivo. Ayuda tambiéna controlar la adrenalina y cerciorar de que tu cuerpo y mente están alineados.

### *Shrim*

Shrim es un canto poderoso que representa la devoción. Esta potente palabra puede ser usada para incrementar la concentración y enfocarte en las cosas positivas.

### *Klim*

Klim es el canto que termina la práctica. Es una palabra calmante que relaja la mente y el cuerpo.

El cuerpo humano está construido por siete chakras ocultos que reposan en el centro a distancias equitativas. Si estos chakras son bloqueados, entonces seguro experimentarás problemas de salud tanto de naturaleza física como mental. Lo mejor es mantener estos chakras limpios para prevenir el estrés y la ansiedad.

Hay cantos específicos que influencian estos chakras y ayudan en la eliminación de bloqueos. Algunos de estos cantos son los siguientes.

### *Lam*

Lam ayuda a arreglar el primer chakra. Este chakra descansa en la base de tu cuerpo.

### *Vam*

Vam se usa para limpiar tu segundo

chakra, que descansa ligeramente encima del primer chakra.

### *Ram*

El tercer chakra reside debajo tu esternón y puede ser limpiado cantando la palabra Ram.

### *Yam*

Yam es un efectivo canto que puede ayudar a limpiar tu cuarto chakra. El cuarto chakra es también conocido como tu chakra corazón y controla el resto de los chakras.

### *Ham*

Ham es un canto usado para limpiar el quinto chakra que se encuentra en el centro de tu garganta.

### *Om*

Como lo hemos discutido con anterioridad, Om es un poderoso canto que ayuda a limpiar tu sistema completo y promueve la energía positiva.

Todos estos cantos juntos son conocidos

como los mantras bija y colectivamente mantienen tus chakras limpios.

Asegúrate de que cantas al menos un conjunto de palabras cada día por 20 minutos. Mientras pasa el tiempo y tus chakras se limpian, empezarás a sentirte ligero y libre de estrés. Controlará también los problemas relacionados con la ira y te convertirá en una mejor persona.

## Conclusión

Te agradezco una vez más por haber elegido este libro y espero que hayas pasado un buen rato leyéndolo.

El principal objetivo de este libro fue de enseñarte los básicos de la meditación y mostrarte cómo puede usarse para mejorar tu vida diaria.

Debes hacer de la meditación una práctica diaria.

Puedes invitar a un compañero a meditar contigo, y así ambos se motivarán mutuamente a seguir.

Recuerda darle un poco de tiempo a estas prácticas para que empieces a notar los cambios en tu mente y tu cuerpo. Esto puede variar dependiendo de tu personalidad y capacidad mental.

Te deseo suerte en tu iniciativa de meditar y espero que veas resultados positivos.

**Parte 2**

## Capítulo 1

### Percibiendo la Meditación

Antes de entrar a discutir cómo puedes utilizar la meditación y las diferentes técnicas que esta tiene, empezaremos primero entendiendo qué es.

### *Entendiendo la meditación*

La meditación es simplemente un estado de conciencia irreflexiva. La mayoría de la gente cree que la meditación es un acto, pero es en su lugar un estado. Esto explica porque una persona puede estar sentada en la posición del loto y estar lejos de meditar, mientras que otra puede estar a haciendo varias tareas y estar a la vez en un estado de meditación.

La meditación es usualmente catalogada como un hábito esencial para obtener el control sobre el estrés y vivir una vida mucho más feliz. ¿Entonces cómo la meditación hace posible que el estrés, la ansiedad, y la depresión se vayan? Veámoslo:

## *Cómo funciona la meditación*

Para resumir; la meditación nos permite movernos desde las ondas cerebrales de alta frecuencia hacia las ondas de baja frecuencia; así logrando calmar la mente. ¿Cómo hace esto? Déjame explicarlo:

Existen cinco tipos principales de ondas cerebrales, donde cada una de estas corresponde a los diferentes tipos de actividades que hacemos. Cuanto más lenta es la longitud de la onda, es más el tiempo que pasa entre pensamientos; por lo tanto, esto te da la oportunidad de elegir habilidosamente en cuáles pensamientos te quieres enfocar o incluso si es que quieres concentrarte en alguno.

Los cinco estados son los siguientes:

1. **Estado Gama** – Este es el estado de hiperactividad y aprendizaje dinámico en el cerebro. Si se sobre estimula puede desencadenar ansiedad.
2. **Estado Beta** – Este es en el cual estamos la mayor parte del día. Está asociado al estado de alerta mental en el que nos encontramos cuando estamos trabajando, pensando,

analizando, planeando, evaluando y clasificando.

3. **Estado Alfa** – En este estado es donde las ondas cerebrales empiezan a ralentizarse. Te sientes calmado; más pacífico y estable. Cualquier actividad como una clase de yoga, una caminata por el bosque, tiempo de calidad o alguna actividad que ayude a relajar el cuerpo y la mente puede ser atribuida a este estado. Podrás ver como te sentirás más alerta, más perceptivo y mucho más en armonía cuando estás en este estado.

4. **Estado Theta** – Este es la transición de la mente pensante a la mente meditativa. Este estado te dota de una más fuerte intuición y mayor capacidad para resolver problemas complicados. Este es el estado asociado con lo que se llama "el tercer ojo", y cuando tus ondas cerebrales llegan a este estado la visualización de objetos se vuelve super-fácil.

5. **Estado Delta** – Es el último estado ocurre mientras duermes sin soñar.

Durante una sesión de meditación exitosa, una persona normal empieza en un estado beta (Pensando), y luego experimente más alfa, seguido por theta y delta – el nivel más profundo. Cuando la meditación finaliza, el proceso invertido tiene lugar, trayendo a la persona de vuelta a las ondas beta sintiéndose despierta y refrescada, en ocasiones con nuevas percepciones.

Ahora que sabes cómo funciona la meditación, empezaremos a descubrir por qué la necesitas en tu vida.

## Capítulo 2

## Por qué deberías considerar la meditación

La meditación ofrece numerosos beneficios que pueden mejorar tu calidad de vida. Aquí puedes ver las razones por la cuales deberías considerar meditar:

**La meditación contrarresta la negatividad**

La clave para contrarrestar la negatividad es "mantenerse en el presente" y la meditación puede ayudarte a lograrlo. Esta te ayuda a separarte de tu pasado, del futuro y de los pensamientos destructivos que te hacen olvidar el presente. Una vez que reconoces el presente como la oportunidad que es, te darás cuenta de lo que te has estado perdiendo y ahorras el tiempo que gastas pensando en un pasado del que te arrepientes o un futuro del que te preocupas.

La meditación hace esto silenciando tu mente por un rato e induce tranquilidad. Cuando tu mente se calla, dejas de pensar negativamente y te vuelves más alerta y prevenida. Entonces eres tú quien controla tus pensamientos, separando los que valen la pena ponderar sobre los que únicamente hacen ruido.

Si continúas practicando, es probable que reducir cuan frecuente piensas negativamente y en lugar de ello podrás acoger una mente positiva. Con el tiempo, conseguirás un excelente control sobre tus pensamientos y conscientemente decidirás que es lo que vas a pensar.

**Combate y elimina el estrés, la ansiedad y la depresión**

Sucumbes a cosas como el estrés crónico, ansiedad y la depresión porque estás mantienes tu mente con pensamientos negativos y dejas que esos pensamientos destructivos se queden ahí. Sin embargo, la meditación te ofrece una salida a estas condiciones en las que te encuentras bajando el nivel de tus ondas cerebrales, haciéndolas más lentas, entonces se vuelve más fácil para ti localizar los pensamientos nocivos y de la misma manera eliminarlos de tu mente. Un estudio publicado en el Diario Internacional de Medicina (JAMA por sus siglas en inglés) mostró que la meditación es de verdad un potente método para reducir la ansiedad y el estrés y deshacerse de ellos de una vez por todas.

**Mejora tu bienestar emocional y psicológico**

Naturalmente, cuando de deshaces de la ansiedad y los pensamientos que desencadenan la negatividad de tu mente, te vuelves más calmado que antes y mejora tu nivel de felicidad. Además, investigadores del bien conocido Instituto Ludwig Boltzmann de Neuroquímica en Austria descubrieron que realizar meditación regularmente incremente los niveles de serotonina, también llamada dentro de tu cuerpo la hormona de la felicidad. Por lo tanto, la meditación de verdad mejora tu bienestar emocional y psicológico.

**Te ayuda a alcanzar tu máximo potencial**

Esto puede sonar raro para ti, pero de hecho es verdad. Cuando tratando con ansiedad, estrés y depresión, es difícil explorarte a ti mismo mejor y darte cuenta de tu máximo potencial y muchos menos alcanzarlo. Sin embargo, cuando aprender a analizar tus pensamientos y a ti mismo con meditación, mejoras en percibir lo que está dentro tuya y a entender cuáles son tus talentos. Lentamente, con la ayuda del pensamiento positivo desarrollado gracias a la meditación, serás capaz de ser la mejor versión de ti mismo. Muchos estudios respaldan esta teoría y prueban que la meditación puede mejorar tu concentración y con una mejor concentración puedes trabajar enfocándote en alcanzar tus sueños y metas y ser exitoso.

**Mejora tu salud**

Meditando ralentizas tus ondas cerebrales, bajas la presión sanguínea, también reduces la ansiedad y el estrés. Otras formas en las que la meditación puede mejorar tu salud son:

- Tu inmunidad es mucho más poderosa cuando estás sano, emocional y psicológicamente. La depresión afecta negativamente tu sangre y causa retrasos en sanar o empeoramiento de problemas de salud. Basado en evidencia clínica, prácticas de meditación han sido reportadas como causantes de la mejora de funciones y reducción de síntomas en pacientes con problemas neuronales, psicológicos y desordenes cardiacos.

- Investigaciones preliminares han mostrado que practicando una meditación con plena concentración incrementa los niveles de melatonina, lo que te permite dormir mejor. Estos mismos resultados también sugieren que la meditación juega un papel crucial en la prevención y posibles tratamientos del cáncer de mama y próstata.
- La meditación también es efectiva tratando dolor crónico. Estudios reales han mostrado que esta práctica reduce los síntomas del dolor en general y también del dolor causado por ingerir drogas. En un estudio que fue seguido por 4 años, la mayoría de los pacientes reportaron "una mejora moderada o muy buena" en cuanto al dolor por la práctica de la meditación.
- En 1998, un estudio conducido en 37

pacientes que padecían de psoriasis mostró que los pacientes que realizaban una meditación con plena concentración, la piel se aclaraba mucho más rápido con el tratamiento de luz UV (Ultravioleta) que los sujetos con los que solo se realizaba el control.

Ahora sabes cuan beneficiosa puede ser la meditación, ahora empecemos a mirar los diferentes tipos de meditación y como realmente meditar.

## Capítulo 3

### Diferentes tipos de meditación

Aquí están las diferentes técnicas de meditación que son comúnmente practicadas alrededor del mundo.

### *Meditación trascendental*

Los orígenes de esta meditación nos llevan hasta la védica tradición de la India. Cuando se está realizando este tipo de meditación, te sientas con los ojos cerrados y te concentras en una única sílaba o mantra (palabra) por alrededor de 20 minutos. Puedes aumentarlo o disminuirlo dependiendo de lo que encuentres adecuado para ti. Para principiantes, lo mejor es empezar con 5-10 minutos al día y gradualmente incrementar la duración de esta.

Cuando empiezas a tener pensamientos o sentimientos que puedan ser una distracción, vuelve a poner toda tu atención en tu mantra. Con el tiempo, encontraras que te es más fácil mantenerte concentrado durante periodos más largos y evadir pensamientos que ocasionan distracción.

Hay muchas maneras de practicar la meditación trascendental. Examinemos las distintas formas:

## *Meditación Zen (Zazen)*

Zazen o la meditación sentada es un tipo de meditación bastante popular. Es mencionado como el corazón del budismo Zen y permite que te explores y entiendas mejor a ti mismo. Así es como se practica esta técnica.

1. Siéntate en el suelo sobre una colchoneta o un cojín, con las piernas cruzadas y asegúrate que tu postura es totalmente recta. Si cruzas ambas piernas (Posición del Loto) se te dificulta, puedes cruzar una pierna sobre la otra (Media posición del Loto) o incluso simplemente extiende tus piernas en frente de ti y relájate. Las siguientes imágenes muestran ambas poses respectivamente.

**Posición del Loto**

**Media posición del Loto**

1. Cierra la boca y mira a unos 60-90 centímetros en frente tuya.

2. Enfoca toda tu atención en tu respiración, contándola. Haz una cuenta regresiva y una vez que llegues a 1, vuelve a empezar desde 10 nuevamente.
3. Intenta estar viviendo el momento presente en el tanto como te sea posible, siendo consciente de las cosas y observando qué pasa por tu mente sin morar nada en particular.
4. Si tus pensamientos empiezan a vagar, gentilmente regrésalos a tu respiración.

Cuando empiezas a practicar este tipo de meditación te distraerás fácilmente, pero se paciente y continúa concentrándote en tu respiración. Con el tiempo, tu concentración mejorará haciendo más fácil que te calmes. Como esto sucede, empezarás a ganar una mejor percepción de quién eres y por qué piensas en cierta forma la cual te ayudará más adelante a discernir los pensamientos positivos de los negativos y eliminar estos últimos de tu mente.

*Idoneidad*

Zazen es un estado muy moderado con mucho énfasis con mantenerte en la postura correcta, como un objetivo para la concentración. Usualmente es practicada en centros Budistas Zen con un gran apoyo por parte de su comunidad. Además, te será más conveniente si te inclinas más por el budismo y prefieres tipos moderados de técnicas de meditación.

### *Meditación del amor universal*

También conocida como "meditación metta", esta práctica meditativa apunta a esparcir amor hacia todas las personas alrededor tuyo y en el mundo para así hacer del mundo un mejor y pacifico lugar para todos.

Para practicarla, deberás sentarte en el suelo con los ojos cerrados y empezar a generar sentimientos de gentileza y compasión en tu corazón y mente. Empieza por asimilarlos hacia ti mismo primero y luego procede a hacerlo hacia los otros y a todos los seres alrededor. Por ejemplo, empieza por pensar cosas buenas de ti mismo. Puedes pensar en lo bien que te ves o en lo generoso que eres. Este tipo de pensamientos hace que seas compasivo contigo mismo. Esto es muy importante dado que, si no te amas a ti mismo, amar a otros será muy difícil. Además, empieza por ser amable contigo y entonces poco a poco ve pensando en las otras personas que están alrededor tuyo quienes quieres que sean felices, digamos tus padres, abuelos o cualquier familiar. Después, piensa en el mundo entero y simplemente envía amor allá, hacia el universo usando tus pensamientos-

*Idoneidad*

Es útil tanto para las personas con baja autoestima como para las egocéntricas o narcisistas, incrementa tu nivel general de felicidad y sirve como antídoto para el insomnio, las pesadillas y problemas de ira.

*Meditación de mantra*

Un mantra es una simple silaba o palabra que no tiene ningún significado en particular, y que tú repites para enfocar tu mente. Los mantras son principalmente usados en tradiciones budistas e hinduistas. En esta meditación cantas esa cierta palabra y te concentras en ella para meditar.

Para hacer uso de esta meditación siéntate con tu columna derecha y los ojos cerrados. Escoge cualquier palabra o mantra que quieras para concentrarte, como "amor", "paz", "soy un campeón" o cualquier afirmación positiva de ese tipo y repite ese mantra en tu mente, silenciosamente una y otra vez durante toda la sesión.

Puedes practicarla por un cierto periodo de tiempo o colocar un número de "repeticiones" – convencionalmente 108 o 1008. En cuestión de minutos verás que te encontrarás más calmado que antes, lo cual ayuda a relajarte.

*Idoneidad*

La mayor parte de la gente considera más fácil concentrarse en un mantra que en su respiración. Por consiguiente, si sientes lo mismo, esta meditación es apropiada para ti. Es muy útil si usualmente tienes la mente ocupada con muchos pensamientos.

Como adición a la meditación

trascendental, la meditación de concentración plena es otro tipo de práctica meditativa brillante y comúnmente practicada. Veamos qué es y cómo se práctica.

## *Meditación de concentración plena*

Esta meditación es popularmente practicada alrededor del globo y es bastante popular en los países occidentales. Derivada de la meditación budista tradicional y refiere a un estado donde tu atención no está enfocada en nada en particular, sino en si misma; silenciosamente, vacía, y quieta. Esto se conoce mejor como "conciencia sin elección".

En una sesión formal, te sientas con tu espalda recta y tus ojos cerrados, concentrando tu atención en tu respiración por unos 30-60 minutos a la vez, al menos una vez al día. Un ejemplo perfecto de la conciencia sin elección formal es la meditación Vipassana que discutiremos en breve. Como adición a la meditación de concentración plena, también existe una forma informal para realizarla.

La concentración pena de forma informal, acarrea concientización de casi todas y cada una de las actividades que realizas en tu vida diaria. Pensamientos vagos son fácilmente percibidos sin ningún tipo de resistencia o reacción. Una excelente forma de hacer esta meditación es practicándola de forma causal, de la cual hablaremos más adelante.

Mira cómo puedes practicarlas ambas, Vipassana y la meditación de concentración plena.

### *Meditación Vipassana*

1. Empieza por escoger un lugar pacifico, silencioso y libre de cualquier tipo de distracción.
2. Siéntate de una forma en la que este cómodo, las caderas inclinadas hacia adelante para dale un mejor levantamiento a tu columna, lo cual hará más fácil que mantengas tu espalda recta.
3. Lleva tu atención a cómo se siente

cuando el aire se mueve dentro y fuera de tus fosas nasales. Te podrás sentir tentado a cambiar tu patrón de respiración mientras monitoreas esto; sin embargo, intenta no hacerlo, solo observa tu respiración, sea cual sea. Si no eres capaz de encontrar ninguna sensación, probablemente empieces a sentirte irritado. De este modo, puedes concéntrate en tus sentimientos de frustración por un pequeño periodo de tiempo antes de volver a llevar tu atención a tu inhalaciones y exhalaciones. Deber ser paciente, dado que las sensaciones están ahí; es simplemente que tu cerebro puede no tener los circuitos correctos aún. Puedes también enfocarte en tus movimientos abdominales.

4. Tu mente querrá desviarse de tu centro de atención y tu trabajo no es evitar que esto ocurra, pero sí traerla de vuelta.

5. Gradualmente mueve tu atención de tu respiración hacia la corona de tu cabeza y concéntrate en las diferentes

sensaciones que ocurren mientras haces eso. Mueve hacia abajo todo tu cuerpo, sin prisa y por partes, una a la vez asegurándote de que mantienes la calma y una actitud neutral hacia cualquier pensamiento que tengas. Es importante que te mantengas neutral y no juzgues ninguna sensación que experimentes.

6. Repite los pasos mostrados anteriormente desde el momento que empieces a concentrarte en tu respiración hasta que muevas esa concentración a la punta de tu cabeza. Un único cambio de concentración desde tu cabeza hasta tus pulgares puede tomar entre 10-15 minutos, pero también puede tomar un tiempo tan corto como una única respiración una vez que lo has convertido en un hábito.

Te tomará unos cuantos días para que empieces a disfrutar de esta práctica tan beneficiosa. Se paciente y sigue practicando.

*Idoneidad*

Vipassana te ayuda a adentrarte a ti

mismo en tu cuerpo y entender cómo funciona tu mente. Es un estilo de meditación muy popular que no requiere ninguna formalidad o ritual antes de practicarla. Si eres nuevo en el mundo de la meditación, los estilos Vipassana o la de concentración plena son apropiadas para empezar.

**Meditación de concentración plena de forma causal**

Esta meditación lentamente te ayuda a volverte consiente de cada una de las actividades que realizas con tal de que tus pensamientos se mantengan en el momento presente 24/7 y que no caigas presa de la negatividad.

Como mencionamos antes, estar consiente es estar en el presente en todo momento y reconocer si es preferible ser consumido por tus pensamientos negativos relacionados con tu pasado o futuro.

Por ejemplo, si estás hablando, estar consiente te ayuda a poner atención a las palabras que salen de tu boca, como las dices y a estar involucrado en el acto del habla. Si estás caminando, estar completamente consiente te permite estar más atento de cómo se mueve tu cuerpo, cómo tus pies tocan el suelo y de todo lo que haces mientras caminas. Así es como se puede incorporar el estado de conciencia a tu vida diaria:

1. Estar sentado en cualquier lugar silencioso libre de cualquier distracción.
2. Concéntrate en tu respiración y capta tu inhalación y exhalación con cada respiración. Es importante remarcarlo simplemente observando tu respiración, estarás totalmente consiente. Puedes incluso observar tu respiración por la sesión entera.
3. Mientras meditas, asegúrate de recordarte que tú tienes el poder y el control sobre los pensamientos y emociones que eliges tener. Cuando notes que estás teniendo ciertos tipos de pensamientos o emociones que no deseas tener, déjalos ir y elige no concentrarte en ellos.
4. En cualquier momento que te distraigas por tus pensamientos, por ruidos o cualquier cosa, simplemente vuelve a

observar tus inhalaciones y exhalaciones. Cuando experimentes emociones o pensamientos poco placenteros, lleva tu atención a tu respiración asegurándote que cuando te concentras en tu respiración, te estas concentrando en la neutralidad de la mente.

Mientras de vuelves mejor en esta práctica, poco a poco impleméntala a todo lo que haces incluyendo escribir, comer, caminar y en general a cualquier actividad que realices.

## *Idoneidad*

Esta es la mejor técnica de meditación para empezar. Si tu objetivo es disfrutar de una transformación profunda y tener un desarrollo espiritual, la meditación de concentración plena puede ser solo el paso inicial para ti.

## *Meditación tipo Yoga*

Yoga significa "unión" y es una técnica que combina ejercicio, respiración profunda y meditación. Yoga es originaria de la antigua India, pero ahora es practicada en todo el mundo. Hay muchos tipos de meditación tipo Yoga que son practicadas por todo el globo terráqueo, pero más abajo están las formas más fáciles para principiantes:

**Meditación del Tercer ojo**

Este tipo de meditación apunta a abrir tu tercer ojo o el chakra de tu frente, el cual es uno de los siete chakras o centros de energía de tu cuerpo. Los chakras son solo centros en nuestros cuerpos a través de los cuales la energía fluye. Cuando se práctica este tipo de meditación, tu atención es constantemente llevada al área que tienes entre tus cejas como una petición para silenciar tu mente. Aquí está cómo se práctica:

1. Siéntate en la posición del loto o extiende tus piernas si la posición del loto es difícil para ti. Asegúrate de que tu espalda está completamente recta.
2. Cierra tus ojos y entonces respira profundamente tanto hacia dentro como fuera.
3. Concéntrate en la mitad de tu frente, unos centímetros arriba del centro de

tus ojos.
4. Mientras tus ojos permanecen cerrados, apunta con ellos hacia este punto.
5. Lentamente, empieza a contar hacia atrás desde cien hasta uno en tu mente habiendo un lapso de unos dos segundos entre número y número. Mientras haces esto, mantén tus ojos apuntando hacia tu tercer ojo.
6. Si cualquier pensamiento te distrae, lo verás como un sueño. Alcanzar este estado puede llevarte unos días, así que se paciente. Si no entras a un estado de entresueño, estate calmado, está bien y sigue concentrándote en tu tercer ojo.
7. Estate en este estado por unos 10-15 minutos.
8. Ahora gradualmente retoma tu estado normal. Deja caer tus ojos y entonces liberaros de estar mirando tu tercer ojo haciéndolos retornar a su posición original de forma lenta. Deja que tus ojos vuelvan a ser libres y entonces mueve tu conciencia del tercer ojo.
9. Quédate quieto por unos minutos y

permite que tus ojos mantengan sus movimientos normales. Respira hondo tres veces y paulatinamente abre tus ojos para salir del estado de meditación.

Practicando este tipo de meditación diariamente por 15-20 minutos limpia tu chakra de la frente de bloqueos y restaura el balance de tu cuerpo haciéndote sentir en paz.

### *Meditación del sonido (Yoga Nada)*

Esta meditación es otro tipo popular de yoga apropiado para principiantes. En la práctica, te concentras en el sonido. Empiezas a meditar concentrándote en "sonidos externos", como música lenta y calmada, entonces poco a poco redireccionas tu atención a únicamente escuchar los sonidos de tu mente.

Con el tiempo, entre más practiques, más empezarás a escuchar los "sonidos internos" de tu cuerpo y tu mente. Tu meta fundamental eses escuchar "el sonido", el cual es simplemente un sonido que no tiene vibración, y se manifiesta como "OM". Para practicar la meditación del sonido debes hacer lo siguiente:

1. Elige un lugar silencioso en tu hogar libre de cualquier tipo de distracción.
2. Escoge una colchoneta apropiada para sentarte mientras practicas yoga.
3. Siéntate en la colchoneta para yoga con las piernas cruzadas cómodamente.
4. Cierra tus ojos e intenta concéntrate en tu respiración. Inhala y exhala profundamente con tus manos sobre tus rodillas.
5. Para empezar la sesión, coloca música que consideres calmada y relajante. Elegir el tipo de música correcto es importante. Evita música estridente y opta por algún tipo de música instrumental sin letras ásperas.
6. Enfoca tu atención en la música e intenta sumergirte en ella.
7. Gradualmente lleva tu atención a la música, hacia tus sonidos internos.
8. Relaja tu cuerpo, mente y alma y deja tu cuerpo en un estado de meditación profunda.
9. Permanece en este estado tanto

tiempo como quieras. No hay ningún tiempo determinado ni aconsejable para este tipo de meditación. En poco tiempo te encontraras perdido en la música y estarás mucho más calmado que antes.

10. Para salir de este estado, abre tus ojos lentamente, abandona con tus manos el lugar donde se encuentran y colócalas en tus ojos para transferir la energía generada dentro de tu cuerpo.

Haz esta actividad todos los días para que disfrutes al máximo de los beneficios del Yoga Nada.

*Idoneidad*

Las prácticas meditativas de Yoga son geniales para tu cuerpo y si además disfrutas de escuchar música, estás dos prácticas mencionadas arriba son la elección correcta para ti.

Ahora veremos cómo puedes fácilmente practicar cualquier tipo de meditación que escojas y desarrollar un hábito para que las practiques regularmente.

## Capítulo 4

## Sentando las bases: Una selección de técnicas y empezando

Una vez que hayas escogido una técnica de meditación idónea para ti, el siguiente paso es practicarla, pero antes de que empieces necesitas saber unas cuantas cosas más:

### *Elige un buen lugar*

Escoge un lugar silencioso donde no sea probable que te interrumpan. Un entorno callado, pacífico hará que la meditación sea más relajante, emocionante y disfrutable.

### *Escoge el momento correcto*

La meditación es esencialmente un momento para relajarse; además deberías practicarla en momentos convenientes. Fíjate bien que cuando la practiques sea poco probable que te interrumpan y seas más libre de relajarte y disfrutar.

Los mejores momentos para practicarla es durante el amanecer y el atardecer mientras que la naturaleza cambia entre el día y la noche. Es importante mantener las prácticas regularmente y se puntual con el momento que elegiste. Por ejemplo, si haces Yoga Nada a las 5:30PM un día, intenta hacerlo un hábito.

## *Calentamiento*

Unos pocos ejercicios para calentar antes de sentarte a meditar ayudan a mejorar la circulación, reduce la intranquilidad y hace que el cuerpo se sienta más ligero. Esto ayuda a que puedas permanecer sentado por más tiempo. Algunos ejercicios para esto incluyen trotar por unos 10 minutos, estirar tu cuerpo y saltar despacio.

## *Asegúrate de que mantienes la pose correcta*

Siéntete relajado y cómodo. Siéntate derecho asegurándote de que tu columna esta derecha, tus hombros y cuello estén relajados y tus ojos cerrados durante la meditación.

### *Siéntate solo por dos minutos*

Se verá fácil solo meditar dos minutos al día por una semana para empezar. Si eso va bien, puedes incrementar la duración de la meditación a 3 minutos y hacerlo por otra semana más. Si todo va bien, vuelve a incrementar el tiempo, y antes de que te des cuenta estarás meditando por 30 minutos.

### *Practicando respiración profunda*

Práctica la "respiración de un minuto" para introducirla satisfactoriamente en cualquier técnica de meditación que elijas. Para hacerlo sigue estas técnicas de respiración por un minuto entero:
1. Respira hacia dentro profundamente desde tu abdomen por 5 segundos
2. Mantén tu respiración por 5 segundos
3. Exhala por 5 segundos
4. Mantén de nuevo por 5 segundos

Practica este patrón de respiración por un minuto al día para mejorar tu concentración mientras estás meditando. Asegúrate de hacer esto antes de empezar a meditar.

**Cuenta tus respiraciones**

Una vez que estás acostumbrado a tu práctica de meditación, concéntrate en tu respiración. Solo céntrate en cómo va hacia dentro de tu nariz y viaja todo el trayecto a tus pulmones. Puedes intentar contar "uno" cuando tomes tu primera respiración, entonces sigues cuentas "dos" cuando exhales. Repite esto hasta llegar a 10 y repítelo.

Sigue estos pasos y empieza a realizar la meditación que elegiste. Por ejemplo, si has elegido meditación Vipassana llévala como se mencionó antes después de contar tus respiraciones. Una vez que has meditado por un periodo de tiempo específico, digamos 15 minutos, lentamente trate a ti mismo al mundo del presente y date todo el tiempo que creas necesario para salir del estado de meditación. Levántate lentamente y sacude tus brazos y piernas gentilmente. Después de la práctica puedes hacer una oración de gratitud al universo por ayudarte a relajar y a salir de tu lugar de meditación.

## Capítulo 5

## Cómo hacer de la meditación un hábito diario

Para sacar lo mejor de la meditación es importante hacerla un hábito porque así la practicarás más, y entre más la practiques más la perfeccionarás y podrás disfrutar de los numerosos beneficios que la meditación ofrece. Sin embargo, mantenerte practicándola puede ser un reto al inicio. Aquí tienes algunas estrategias que te pueden ayudar a volverla un hábito satisfactoriamente:

**Haz la meditación emocionante**

Enfrentémoslo, si encuentras algo que es aburrido, será poco probable que lo frecuentes; lo mismo aplica para la meditación. Para eso intenta hacer de la meditación tan disfrutable para ti como te sea posible. Aquí hay unas cuantas cosas que puedes intentar:

- Enciende una vela aromática.
- Quema algo de incienso para hacer el lugar de meditación más especial.

- Pon sonidos de la naturaleza o música de meditación.
- Las flores pueden mejorar el ambiente y la experiencia. Cambiar tu ambiente puede traer una nueva realidad.

Adicionalmente, podrías empoderar el sonido de la música que estás escuchando y concentrarte en ella para meditar.

**Encuentra una forma de hacerte responsable**

Uno de los secretos para formar un hábito es ser responsable. Si quieres tener éxito desarrollando un hábito para meditar regularmente, crea una consecuencia para cada vez que no meditas en el momento que elegiste. También puedes buscar alguien con quien serás responsable. Como nosotros los humanos por naturaleza no nos gusta decepcionar a las personas, es más probable que seas más disciplinado si te comprometes con alguien.

**Sigue tu progreso**

Para meditar regularmente deberías seguir tu progreso.

- Tacha en tu calendario cada día que

medites.
- Ten un diario de meditación.
- Usa una aplicación para seguir tu proceso para alcanzar tus metas. Por ejemplo, puedes intentar con Coach.me

**Prémiate**

Todos amamos las recompensas; además, cuando sabes que te será dada una recompensa harás esa actividad sin fallar, aplícalo a la meditación. Algunas formas en las que te puedes premiar a ti mismo:

- Come una pieza de chocolate después de cada sesión de meditación (Si te gusta el chocolate)
- Cambia la música a tu canción favorita y báilala después de cada sesión
- Come tu postre favorito
- Sal a algún lugar emocionante que te guste

Estos son solo algunas de las formas en las que puedes recompensar. Se creativo y encuentra la recompensa perfecta que te siga motivando a meditar.

## *Profesor y rendir cuentas*

Una pregunta que por lo general sale a la luz cuando alguien empieza a meditar es, ¿necesito un profesor o tal vez una guía? Dicho esto, hay muchos gurús que se autodenominan expertos en meditación y quizá algunos lo sean. La cuestión es, ¿quién le enseñó al primer instructor? Estas preguntas se vuelcan en cuatro grupos diferentes. El primer instructor fue iluminado por dios, y luego tradujo esta información a muchas personas. El segundo grupo que encuentra su camino de la meditación dice que no puedes encontrar la respuesta hasta haber estudiado, con un maestro de algún tipo, por muchos años. En el tercer grupo de personas, estas aspiran el objetivo de la iluminación y eventualmente se enfadan; creen que crecen, no obstante, las respuestas que buscan son todas externas y no llenan la taza vacía. El cuarto grupo, empírico, de gente en la tierra cree que se necesita mucho tiempo para que un individuo pueda acabar el proceso de iluminación. Todo esto preocupa en muchas formas, pero tomaré esto de una manera en que la meditación y la espiritualidad son un proceso de crecimiento interno y nosotros como personas de este planeta podemos cambiar para mejor si confiamos ciegamente en este proceso asombrosamente maravilloso. Mirar hacia el interior es la única manera de acabar con el sufrimiento. Es en medio del proceso, como hemos oído muchas veces en el pasado, que cuando un estudiante está listo, el maestro aparecerá. Esto es cierto, así como el mundo ha visto a muchas de las personas más grandes fallar por una mala mentoría. Una buena idea es buscar el conocimiento que uno puede conseguir no necesariamente del profesor, sino del proceso, que el profesor te ayudará durante el camino. El profesor luego será revelado ante ti y te ayudará en tu senda. Aparte de todo esto, busca el crecimiento interno y date cuenta de que somos todos uno, por lo que, si ayudas a tu vecino, serás ayudado a cambio.

La idea para un compañero para rendir

cuentas es también muy importante, para que tengas a alguien que puede ayudarte a ganar un nuevo hábito. Estudios han comprobado que de esta manera hay de un 70% a un 80% más de probabilidades de mantenerse en el hábito inicial. En la meditación esto es importante, crear una nueva comunidad para ti mismo para hablar de tus experiencias de desarrollo interno y buscar el crecimiento continuamente, y esto puede ayudar a encontrar un compañero para rendir cuentas.

## Conclusión

Gracias otra vez por descargar este libro.

Espero te haya provisto de información respecto a lo beneficiosa que puede ser la meditación y cómo puedes practicarla. El siguiente paso es que escojas una técnica de meditación y empieces a meditar. Espero que a través de esta actividad te alivies de tu estrés y cualquier otro problema tanto físico como psicológico.

Finalmente, si disfrutaste este libro, ¿serías tan amable de dejar una reseña en Amazon?

¡Gracias y buena suerte!

www.ingramcontent.com/pod-product-compliance
Lightning Source LLC
Chambersburg PA
CBHW071911070526
44583CB00016B/1942